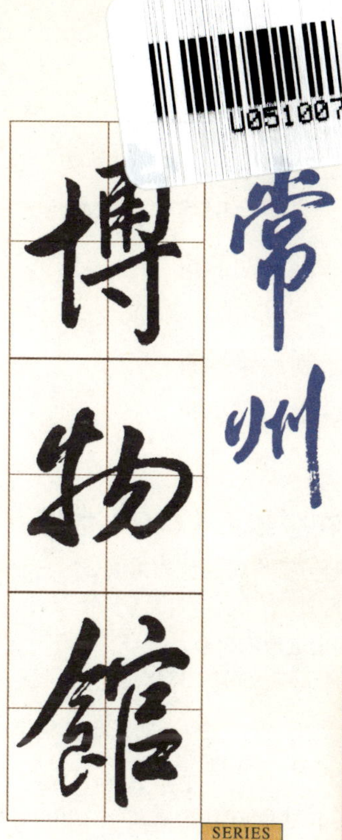

Changzhou Museum

带你走进博物馆

常州博物馆 编著

文物出版社

本册主编：陈丽华
执行主编：林　健
资料整理：朱　敏　李　威　谭杨吉
左树成　程　霞
摄　　影：胡志良

责任印制：梁秋卉
责任编辑：张小舟

图书在版编目（CIP）数据

常州博物馆 / 常州博物馆编著. －北京 ：文物出版社，2012.1
（带你走进博物馆）
ISBN 978-7-5010-3358-4

Ⅰ.①常…　Ⅱ.①常…　Ⅲ.①博物馆－简介－苏州市
Ⅳ.①G269.275.33

中国版本图书馆CIP数据核字（2011）第248865号

常州博物馆
常州博物馆　编著

文物出版社出版发行
（北京东直门内北小街2号楼　100007）
http://www.wenwu.com
E-mail:web@wenwu.com
北京盛天行健印刷有限公司印刷
新华书店经销
开本：880×1230　1/24　印张：4
2012年1月第1版　2012年1月第1次印刷
ISBN 978-7-5010-3358-4
定价：28.00元

赠 言

未成年人将要承担中华民族伟大复兴的重任。关心未成年人的健康成长，关心他们的思想道德的建设是我们每个人的责任，各类博物馆不仅是展示我国和世界优秀历史文化的场所，也是未成年人学习知识、培养情操的第二课堂。

让这套丛书带你走进博物馆，让博物馆伴随你成长。

国家文物局局长 單霽翔

2004年12月9日

馆长寄语

常州古称延陵，别名龙城，地处长江三角洲的中心地带，北携长江，南衔太湖，自古钟灵毓秀，人文荟萃。早在距今6200多年前的新石器时代，便有先民在这方土地上生息繁衍。作为一座历史悠久的江南古城，常州还是中国近代工业发祥地之一，长三角重要的制造业基地以及科教名城。

常州是吴文化的发源地之一，延陵季子“三让其国”之地，南朝时齐梁两朝的帝王故里。尤其是自唐宋以来江南地区社会经济得到发展，使常州一跃成为经济发达、人文鼎盛的江南名城。“天下名士有部落，东南无与常匹俦”，蔚然的儒风造就了一代代高才大学的仁人志士。常州人文的参天大树，枝繁叶茂。在清代，“常州学派”、“阳湖文派”、“常州词派”、“常州画派”和“孟河医派”享誉全国，为古城留下了璀璨的人文历史。

常州博物馆1958年成立。曾经三易馆址，由成立之初的红梅阁迁至天宁寺，后又辗转到清凉寺，各项条件都相当简陋。2005年3月常州市委、市政府决定在常州市民广场筹建一座全新的现代化博物馆。历经两年多的辛勤努力，2007年4月28日新的常州博物馆面向社会公众开放了。新馆外观新颖、设施齐全、功能先进、富有时代气息，文博工作的各项软硬件都得到了极大提升。

半个多世纪来，经过几代文博工作者艰苦奋斗，励精图治，常州博物馆在文物收藏、陈列展示、宣传教育、考古发掘和学术研究方面都取得了可喜的成就。目前馆藏各类文物、自然标本 2 万多件。多次组织参与本地区及周边地区的大型考古发掘工作和各类学术研讨活动。成功举办陈列展览 200 多个，接待国内外观众 300 多万人次。常州博物馆先后被授予全国科普教育基地、江苏省优秀博物馆、江苏省爱国主义教育基地、江苏省科技示范基地，并荣获“国家 AAAA 级旅游景区”称号，成为常州市民文化生活的重要场所以及对外交流的靓丽名片。

常州博物馆的展览，形式多样，内容丰富，既有内涵深厚的历史文化陈列，还有江苏省内唯一一家少儿自然博物馆，可谓是老少咸宜。在此我们竭诚欢迎您及家人走进常州博物馆，一同领略人文常州。

陈丽华

2011 年 6 月

目　录　Contents

第一部分　我们的博物馆

一、龙城常州

常州地处苏南腹心，北临长江，南接太湖，京杭大运河穿城而过，是“三吴襟带之邦，百越舟船之会”的交通枢纽。常州水利发达，土地肥沃，早在宋代就有“苏常熟，天下足”之说。而便利的交通，丰富的物产更催生了常州手

古运河

工业和商业的繁荣。明清时代常州府的棉纺业、印刷业以及米粮贸易在全国享有盛誉，并成为全国赋税的主要来源地，“江南财赋甲天下，苏松常镇课额尤冠于江南”。

常州不仅是富庶的江南水乡，更是一座历史悠久的古城。通过多年的科学考古发掘与研究，常州戚墅堰区的圩墩遗址、新北区与钟楼区交界的新岗遗址、武进区的寺墩遗址逐渐为我

寺墩遗址

寺墩遗址3号墓

淹城遗址

们揭开了神秘的面纱。早在6200多年前，常州先民就于这方沃土建立了灿烂的史前文明。其间有序地经历了新石器时代马家浜文化、崧泽文化以及良渚文化。至3000多年前，先民们在此建筑了三城三河形制的古代城池——淹城。春秋末年，常州雪堰镇境内的阖闾城成为吴国都城。

悠久的历史派生出了璀璨的人文。春秋时期吴王寿梦的第四子——季札受封于延陵，成为常州的人文始祖；南朝时期齐梁两朝开国之君皆出自常州，被称为“齐梁故里”；北宋时“儒风蔚然为东南冠”，大文豪苏轼亦终老于此；宋末一城忠烈，众志成城，抗击蒙元围攻，谱写了“纸城铁人”的传奇；明清时代人文荟萃，常州学派、常州画派等“五大学派”享誉天下；及至近代常州依然学风鼎盛，走出的专家学者和仁人志士灿若星辰：盛宣怀、庄蕴宽、李伯元、瞿秋白、李公仆、史良、华罗庚、刘海粟、刘国钧、吕思勉、谢稚柳……正应了龚自珍之句，“天下名士有部落，东南无与常匹俦”。

二、常州博物馆新馆

常州博物馆是一座地方综合性博物馆，内设有江苏省唯一的一家少儿自然

常州博物馆全景

博物馆外景

博物馆。现有各类藏品2万多件，其中珍贵文物达3000余件。武进寺墩遗址出土的良渚文化玉器，精雕细琢，蔚为大观；戚家村南朝画像砖，种类繁多，潇洒飘逸；馆藏的南宋漆器，工艺精湛，世所罕见，填补了我国髹漆工艺史的空白；明清书画，荟萃名家精品，凸显东南画坛独领风骚的辉煌。这些珍贵文物不仅有着突出的艺术价值，还从不同侧面反映了常州悠久的历史与璀璨的人文。

常州博物馆成立于 1958 年，但一直辗转蛰居于红梅阁、清凉寺等古建筑内，设施简陋，十分不利于博物馆文物的保护展示。2005 年 3 月在市委市政府的高度重视下，常州博物馆新馆建设项目正式立项。为了打造一座与常州经济发展水平相协调的现代化博物馆，市文广新局和博物馆领导倾注了大量心血，在经历了两年多的辛勤努力后，外观新颖、设施齐全、功能先进、富有时代气息的常州博物馆新馆于 2007 年 4 月 28 日正式面向社会公众开放。

红梅阁

清凉寺

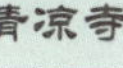

常州博物馆新馆坐落在

常州文物精品展

观众参观临时展览

常州新北区市民广场西侧，毗邻市政府、常州大剧院和体育中心，地理位置优越，环境优美。建筑面积2.3万平方米，其中展区面积1万平方米。展区分为三层，按照展示功能需要设有“基本陈列”、“专题陈列”和“临时陈列”展厅。两个基本陈列为：“龙腾中吴——常州历史文化陈列”、“神奇的自然　美丽的家园——自然资源陈列”；两个专题陈列为“谢稚柳艺术陈列”、“刘国钧先生捐献红木家具陈列”。通过历史、科学和艺术三位一体的陈列内容展示，旨在弘扬诚实、守信、创新的常州人文精神，普及自然科学知识，进行艺术教育。

在办好固定陈列的同时，常州博物馆每年还举办近20个临时展览，同时也将自己的特色展览推向社区、推向周边博物馆，进一步发挥博物馆的社会教育职能，扩大教育服务的范围。自2008年4月1日实行免费开放后，观众人数成倍增加，年观众达30多万人次。

作为常州唯一一家地方综合性博物馆，常州博物馆正以新馆落成为契机，努力为观众提供一个领略常州人文底蕴的绝佳平台，同时进一步按照“贴近实际、贴近生活、贴近群众”的要求，充分利用现代科技成果和馆藏资源，为建设和谐社会作出应有的贡献。

第二部分　创意大气的陈列

一、基本陈列

龙腾中吴——常州古代历史文化

《龙腾中吴》是反映常州历史文化的重点陈列，我们以“彰显特色，有效传达”为设计理念，结合现代化的展示手段，将千余件珍贵文物和丰富多彩的常州历史，科学、准确以及完整地呈现

常州历史文化陈列序厅

常州历史文化陈列 1

在观众面前。整个陈列分成史前常州、延陵季子、齐梁故里、中吴要辅、儒风蔚然五大版块：

史前常州着重介绍常州地区马家浜文化、崧泽文化以及良渚文化时期的重要遗址，包括圩墩遗址、新岗与三星村遗址和寺墩遗址。通过珍贵的出土文物和墓葬复原，较为全面地展示了常州地区灿烂的史前文明。

延陵季子版块讲述常州先秦时代文化的交融与变迁。由断发纹身的古代吴越人，到泰伯奔吴带来的中原文化，尔后季札受封于延陵，建邑立邦，成为常州的人文始祖，中原文明与土著文明最

常州历史文化陈列 2

常州历史文化陈列 3

终交融产生吴文化。这一系列的历史演变，以代表性的文物为实例，娓娓道来，将常州乃是吴文化发源地之一这一不争事实展现在世人面前。

秦汉时期，常州地区已正式纳入中央王朝的版图。到了西晋“八王之乱”后，大量中原人移居淮南江南。东晋政权在常州地区设置了侨郡—兰陵郡。兰陵的萧氏先后建立了齐朝与梁朝，并出现了像萧统、萧子良等一批杰出的文人学者。常州“齐梁故里”之称由此而来。

随着屯田治水的展开和运河漕运的开通，唐宋时期常州的社会经济开始得到迅速发展，并逐渐成为政府重要的粮食产地、商业口岸和财赋来源地区，被称为“中吴要辅”。同时，我们通过展示一系列精美的文物，反映宋代常州地区浓郁的人文气息和人们优雅精致的生活方式。然而优雅的生活并没有磨灭常州人的血性，宋元之交常州人民抗元保卫战的英勇精神使常州赢得了“纸城铁人”的称号。

上承季子的人文精神，历经千年的文化积淀，造就了常州鼎盛的人文。“儒风蔚然”版块展示了常州人文化生活的各个方面，科举、

常州历史文化陈列 4

常州历史文化陈列 5

文艺、宗教无不繁荣昌盛。在这样的氛围下，常州孕育出了一大批经世致用的学者，他们辉煌的文化成就更是永垂史册。

整个陈列通过再现常州的历史演变、经济文化、乡土风情、生活习俗，反映常州人的生活态度、思想情感、道德观念、价值取向等，使观众能够比较全面、清晰地了解常州在古代中国的政治、经济、文化领域所发挥的作用。

神奇的自然　美丽的家园——自然资源陈列

常州少儿自然博物馆成立于1995

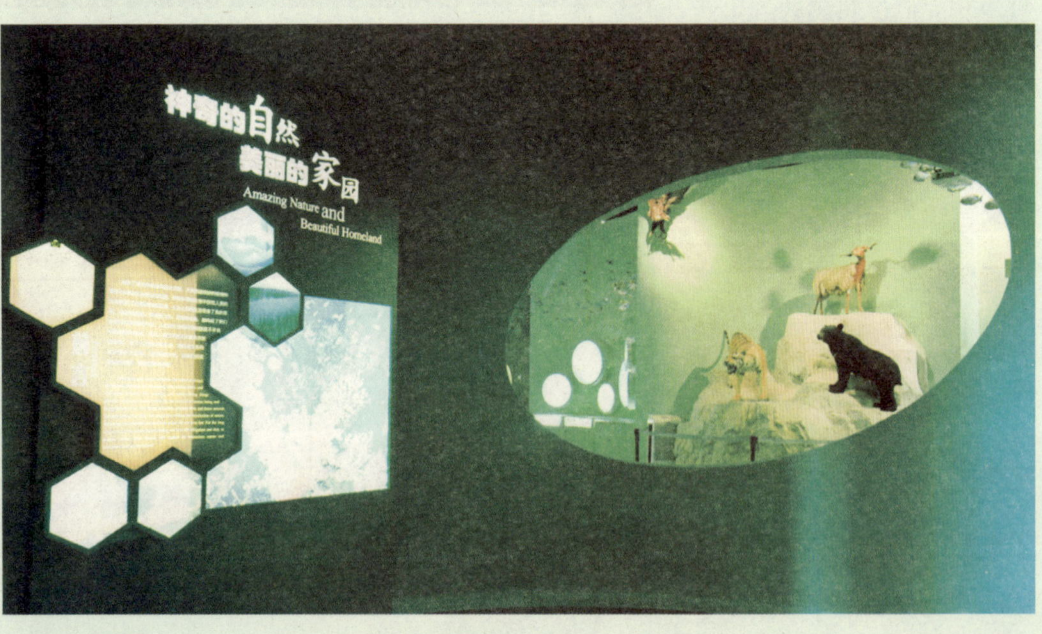

自然陈列序厅

自然陈列场景 1

年，是常州博物馆的馆中馆，也是江苏省唯一一家少儿自然博物馆。“神奇的自然　美丽的家园”是常州博物馆新馆重点打造的大型自然科普陈列，也是少儿自然博物馆吸引广大少儿观众的特色亮点。展厅面积千余平方米，展出各类标本 421 种、645 件。展示内容主要分：“地球生命的进化故事”、“纷繁多样的美丽自然”、“形形色色的动物世界”、“秀丽多姿的故乡大地”四大部分。通过人性化的设计和现代化的展示手段，使各类静态的标本与其生活的环境完美融合，整个展厅显得生机勃勃，趣意盎然。为增加少儿朋友学习探索的兴趣，展览

自然陈列场景 2

自然陈列场景 3

中还设置了较多参与互动性项目。

展览首先以“时光隧道”的形式来演绎“地球生命的进化故事”。在隧道一侧的壁龛中陈列各地质时期具有代表性的化石标本，展现了生命进化的历程。

在“纷繁多样的美丽自然”版块中，多种奇趣的野生动物被错落有致地组合，加上视频和音响的渲染，一幅纷繁多样、生机勃勃的自然画面呈现在观众的面前。

“形形色色的动物世界”以单元形式介绍国内外众多野生动物。“昆虫世界”主要采用传统的手法展示大

量世界珍稀昆虫标本，同时借用电动模型、电脑虚拟技术等手段，演示昆虫的活动、蝴蝶的变态发育等。“哺乳动物”以开放场景的形式展示各种兽类标本，为突出这些标本的自然形态，景观制作以抽象的概念树为主，简洁明快。“鸟类王国”则主要展示美丽的山地珍禽，淡淡的水墨画背景前，花草点点、绿树成荫，多种珍禽争奇斗妍。

“秀丽多姿的故乡大地”内容述及：海洋生物、滩涂湿地及低山丘陵三个方面。在展示场景上，我们力求复制各类动物所生活的自

自然陈列场景 4

自然陈列场景 5

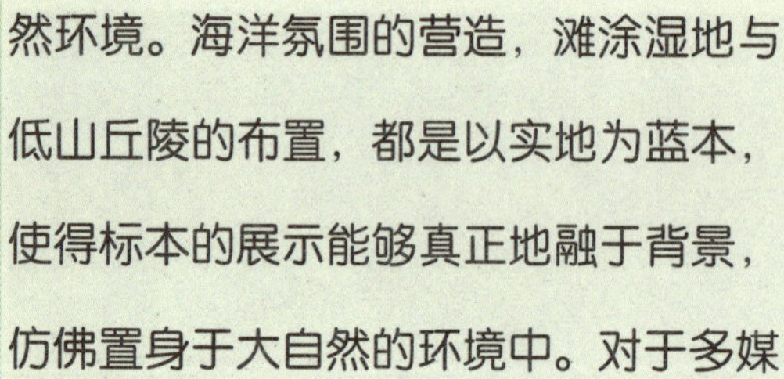

然环境。海洋氛围的营造，滩涂湿地与低山丘陵的布置，都是以实地为蓝本，使得标本的展示能够真正地融于背景，仿佛置身于大自然的环境中。对于多媒体的使用也是精心筹划，活动的光影和虚拟的动物投影，不仅弥补了静止标本的不足，同时也增加了观众身临其境的乐趣。

二、专题陈列

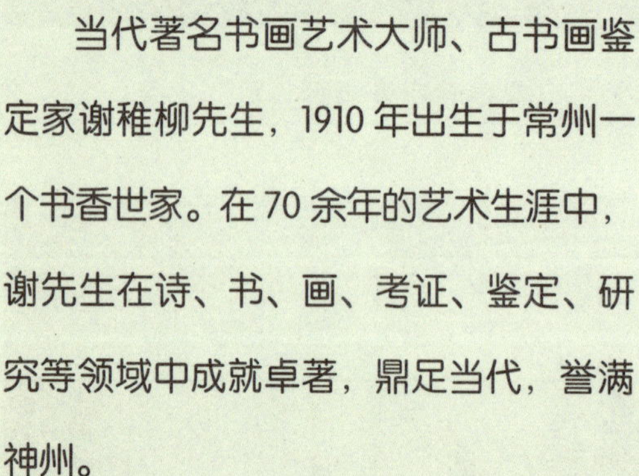

谢稚柳艺术陈列

当代著名书画艺术大师、古书画鉴定家谢稚柳先生，1910 年出生于常州一个书香世家。在 70 余年的艺术生涯中，谢先生在诗、书、画、考证、鉴定、研究等领域中成就卓著，鼎足当代，誉满神州。

作为国画艺术大师，谢先生对于花鸟、山水、人物无不专精，在凝练唐宋以来中国绘画优秀传统的基础上，对自身绘画创作进行改造和拓展。谢先生还是一位杰出的书法艺术家，书风清秀飘逸，潇洒出尘，自成一家，为海上书坛之领袖。谢先生在诗词创作上亦有极深的造诣，他的诗融会古体诗的特点，并有清新鲜明的时代特征。古人讲求诗书画的统一性，谢先生正是达到了这种诗书画通融的至高境界。同时，谢先生还是一位学者，在画史、壁画、鉴别、考证等方面卓然大家。尤其是在书画鉴定方面，已臻至我们这个时代所能企及的最高峰。

谢稚柳先生虽多年寓居沪上，然造福乡梓的拳拳之心依旧。1992 年他将自

谢稚柳艺术陈列序厅

己创作的20余幅书画作品和先师钱名山先生的数件遗墨捐赠给了家乡。同年常州市政府在常州博物馆内建立了谢稚柳艺术馆。如今我们在新馆特辟专题陈列，展示谢稚柳先生走过的艰辛道路和取得的艺术成就，以此缅怀乡贤，激励后学，增辉乡梓。

谢稚柳作品赏析：

《云林松亭图轴》为谢先生落墨青绿山水的代表作。图中描写云林、松亭，墨色氤氲，一派秀润的江南美景。款署："壮暮堂落墨，戊午十二日，谢稚柳。"款下钤白文"壮暮"、朱文"稚柳"二印。作品运用彩墨融合"落墨法"，彩与墨

谢稚柳艺术陈列

水乳交融，化为一体，呈现出鲜活、湿润、浑厚又透明的艺术效果，体现了作者独特的绘画风格。

《杂画册》是谢稚柳先生1970－1980年代创作的书画小品，共12开，1990年由谢稚柳自题册名，内容为山水、花卉。这些作品有两个特点：一为谢稚柳晚年喜用的落墨法，纵笔放浪，墨彩交融，呈现浓郁浪漫的诗意画境；二是诗、书、画、印四者较完美地结合在一起，精雕细琢。如其中的“红蕖”图，配有自作诗一首：“扶醉娇红浪莽开，雾围烟合噀香来。纵教夜月清辉满，何似朝霞艳锦堆。”与图中花蕊、荷叶、印章

谢稚柳云林松亭图轴

谢稚柳杂画册 -1

谢稚柳杂画册 -2

谢稚柳墨笔竹石图轴

一起构成一幅生机盎然的水中世界。又如他的山水图，笔墨率直，落墨泼辣、雄健，充满勃勃生机，令人叹为观止。可以说这本《杂画册》是谢先生的代表作之一。

《墨笔竹石图轴》是谢先生晚年的成熟作品，整幅作品诗、画、书、印巧妙结合。画中左上方钤有朱文“月好”印及写竹诗一首：“卸箨抽枝堕粉残，凌云见此碧琅玕。莫教又入江湖手，枉遣风梢作钓竿。”后款署：“壮暮翁稚柳并书旧句，时年八十。”钤白文“稚柳”、朱文“壮暮翁”二印。画左下方亦钤有朱文“年逢己巳八过十”印章。从整幅作品看，谢先生将巧妙的构思与娴熟的笔墨相结合，使所画之竹气韵生动，形神兼备，所画之石奇峻苍劲，令人耳目一新，大大增加了作品的形式美。

刘国钧捐献红木家具陈列

著名的实业家、纺织业巨子刘国钧先生，1887 年出生于常州府靖江县一个读书人家。由于自幼家境贫寒，刘国钧先生少年时代就在常州奔牛、埠头等地做学徒、当跑街，凭借自身吃苦耐劳、善于经营，逐步走上实业救国之路。刘国钧先生首创了常州机器印花技术，还试制成功了平绒、灯芯绒，成为常州近代机器工业的创始人之一，为中国现代民族织染业的建立和发展作出了重要贡献。

出于对创业基地、第二故乡常州的

刘国钧捐献红木家具陈列序厅

刘国钧捐献红木家具陈列 1

刘国钧捐献红木家具陈列 2

眷念与热爱，1975 年刘国钧先生将包括 96 件红木家具在内的一批文物捐赠给常州博物馆收藏。2007 年常州博物馆新馆特设专题陈列，展示这批红木家具，以纪念这位心系乡梓的爱国实业家。

刘国钧先生捐赠的红木家具，时代为清末至民国初年。在选料上大多采用老红木，或称红酸枝。这种木料木质坚硬、细腻，可沉于水，一般树龄在 500 年以上方能成材，其木纹在深红色中常常夹有深褐色或者黑色条纹，以其制作的家具给人以古色古香之感。在制作风格

上既有富丽堂皇的“广做”家具，又有优美典雅的“苏做”家具。在门类上，小到台屏，大至罗汉床，种类齐全，更难得的是几案桌椅，大都成套。因此，在布置陈列时，我们按照明清时期江南典型民居的布置样式，复原了厅堂、书房、卧室三个生活场景。

刘国钧捐献红木家具陈列 3

精品家具介绍：

红木透雕灵芝嵌云石太师椅：太师椅是扶手椅的一种，由于其体形较大，端庄华贵，因此被称为“太师椅”。这些太师椅用料粗硕，通体雕灵芝，其纹饰之繁复，用工之巨，颇为值得一观。相传灵芝为不老之仙草，所以中国传统工艺中喜用灵芝来寓意吉祥。另外，靠背圆景内所嵌云石，纹理酷似山川林泉，加上描述山川美景的铭文题跋，反映出主人寄情山水之间的情趣。

红木浮雕西洋纹围屏大榻：这张红木浮雕西洋纹围屏大榻，是一种坐卧用具，北方称为“罗汉床”。屏风上高浮

刘国钧捐献红木家具陈列 4

红木嵌瓷画八曲围屏：此围屏共分八屏，每屏分五格，最上面一格嵌书法瓷板，其下四格嵌山水画瓷板，屏额浮雕凤凰纹，每屏两边浮雕梅花。所嵌书法瓷板八块由胡松如书写，其中四块是临摹的王羲之草书《十七帖》，另四块所书为钟鼎文，包括《颂鼎铭》等。瓷板画则由清末民初的著名画家“珠山八友”之一的汪野亭绘制，摹仿清初画家王石谷笔意，所绘江南美景娇艳欲滴。此屏格调高雅，置于室内既有屏蔽挡风之用，又不失为一件观赏佳作。

雕盾牌、葡萄等纹饰，两侧屏框边上各饰戏球狮子一头，后围屏风上雕刻展翅雄鹰一只，这些典型的西洋纹饰，使整张榻散发出浓郁的欧洲风味，这反映了清末至民国时期西方文明对中国的深刻影响，同时也是晚清红木家具“中式西做”的典型作品。

第三部分　独具风韵的馆藏

一、史前遗珍

常州地处太湖流域，在这片土地上，遗存有马家浜文化、崧泽文化及良渚文化三大史前文化类型，它们发展脉络清晰，自成体系。其中戚墅堰圩墩和武进寺墩是马家浜文化和良渚文化具有重要影响的遗址。

圩墩遗址的文化遗存主要为马家浜文化和崧泽文化，其中马家浜文化遗存地层堆积较厚，延续时间较长，年代跨度约为距今6200–5900年之间。虽然马家浜文化时期原始农业开始发展起来，但采集和渔猎仍是重要的补给手段。当时的社会属于母系氏族公社，氏族成员共同劳动、共同分配消费。

寺墩遗址下层为崧泽文化遗存，上层为良渚文化遗存，良渚文化遗存内涵丰富，遗址中发现了随葬玉璧、玉琮较多的良渚文化墓葬，其中最著名的是3号墓。通过对墓葬与出土物的分析，专家一致认为，以武进寺墩遗址为代表的常州地区是良渚文化时期地位仅次于浙江良渚的重要聚落。良渚文化距今5300–4200年左右，其特点之一是手工业已较兴旺，特别是玉器制作在全国同时期的原始文化中独树一帜，对后世玉器制作工艺产生深远的影响。

1、木橹、木桨

马家浜文化

木橹

木浆

1985 年常州圩墩遗址出土

橹长 120 厘米，桨长 74 厘米

木橹、木桨均由较粗大的原木砍削加工而成，从外形看，与现代的橹和桨相当接近，因此使用功能也应基本相似。橹和桨都是配合舟使用的水上交通工具，相对桨来说，橹的使用更省力，掌握前进方向也更精确。6000 年前的常州先民已经掌握了这种先进的工具，从而使远距离水上往来成为可能，极大拓宽了史前人类活动的范围。马家浜文化木橹和木桨的出土，填补了国内同类史前工具的空白，历史价值极高，而这件木橹更是被誉为“天下第一橹”。

2、陶猪

崧泽文化

1985 年常州圩墩遗址征集

高 5.2、长 7.3 厘米

陶猪通体浑圆，吻部前拱，侧头张嘴，腹圆下坠，尾巴直伸，四腿粗短，野猪的特征几乎荡然无存。这件家猪形象的陶俑的出现，说明约 6000 年前的常州先民已经成功地驯养了野猪，人们生活已踏入农耕时代，定居下来，种植粮食，饲养禽畜。在生活条件得到极大改善的同时，也开始了手工工艺的创作，这件造型质朴、憨态可掬的陶猪就是原始艺术的真实写照。

陶猪

3、陶釜

马家浜文化

1985 年常州圩墩遗址出土

口径 16.7、高 36.5 厘米

陶釜为马家浜时期的典型器物。夹砂红陶质地，侈口，折颈，深腹，圜底，腹上部一周宽厚的腰沿。陶釜的作用相当于现代的烧锅，宽厚的腰沿可架设，便于在釜下放柴火支烧。为了防止在烧煮的过程中迸裂，在制作釜的陶土中加入一定比例的砂粒，增强了膨胀系数。陶釜的制作手法采用泥条盘筑法，釜的宽沿则是另外用手捏制和着泥浆粘贴成型。

陶釜

一侧口边上有两个小圆孔，另一边腹上部有两个圆孔。施有红衣，大部分脱落。红衣陶器是马家浜时期的典型器物，这件陶盆造型规整，保存完好，堪称其中的精品。红衣陶器相比较一般的红陶或灰陶器，在制作工艺上又复杂了一些：先是制作好胎体，待晾干后打磨光滑，然后在表面施一层约1毫米厚的化妆土，最后再施以加入铁元素的颜料，入炉烧制而成。

4、红衣陶盆

马家浜文化

1980 年常州圩墩遗址出土

口径 30、高 9 厘米

陶盆敞口，圆口边，斜腹，小平底，

红衣陶盆

5、陶塑人面模型

马家浜文化

1985 年常州圩墩遗址出土

通高 5 厘米

用泥质灰陶捏塑而成。脸部扁平，以阴线刻划出眼、嘴及胡须，鼻子则用泥球粘接而成，以非常简练的手法，刻画出 6000 年前这一地区原始人类的粗犷风貌。特别是这件陶塑人面的前额部位，有一排奇特的小孔。这一现象在浙江余姚河姆渡遗址中出土的陶塑人头像上也曾发现，或许就是古代文献中提到的“羽民之国”以鸟类羽毛作为头部装饰物习俗的共同反映。而这种习俗可能与这一地区普遍流行对鸟类的崇拜有关。这件陶塑人面额部的小孔，应该是装饰羽毛之后的遗痕。圩墩遗址出土的这件陶塑人面，不仅是难得一见的原始艺术品，更是印证有关古代文献材料的珍贵实物资料。

陶塑人面模型

6、人面兽面组合纹玉琮

良渚文化

1984 年江阴高城墩出土

高 6.1、上端射径 8.2、下端射径 8.1、孔径 6.7 厘米

玉琮是良渚人独特的发明。该玉琮呈乳白色，为矮方柱形，内圆外方，分

人面兽面组合纹玉琮

为上下两节，四周线刻浅浮雕，共四组图案。每组上节饰戴羽冠人面纹，下节为兽面纹。兽面纹眼大、獠牙外露，较抽象。人面兽面纹周围以繁密的卷云纹作地纹。这种兽与人结合的图案被认为是良渚文化的神徽。这件玉琮由透闪石琢制，玉质滋润，琢磨精细，有少量黄色点沁，器形规整，线条繁缛流畅、通体打磨光洁，工艺精湛。

7、十二节人面纹玉琮

良渚文化

1973 年武进寺墩遗址出土

高 31.8、上端射径 7、下端射径 4.5、

十二节人面纹玉琮

上端孔径 6.3、下端孔径 4.7 厘米

玉琮为墨绿色，有褐斑。整体呈长方柱形，外方内圆，上大下小，中间圆孔系对钻而成，孔内留有凸脊。外表分为十二节，每节以四角为中线，刻简化人面纹四组，共四十八组。面孔由两条平行凸横棱、圆圈、凸横档构成，分别表示羽冠、眼睛、鼻子或嘴巴。刻纹纤细清晰，通体磨光。琮身一面有两道切割弧线痕，为研究这一时期玉琮制作工艺提供了实物依据，为良渚玉琮中的珍品。

8、玉钺

良渚文化

1994 年武进寺墩 5 号墓出土

长 18.9、刃部最宽处为 13.7、厚 0.5 厘米

玉钺是由新石器时代的主要生产工具——石斧发展演变而来。石斧在和平时期是农业生产的主要生产工具，在战争中则成为攻伐杀掠的利器，随着一次又一次战争的洗礼，一种比石斧更为锋利的石质兵器——石钺，逐渐取代笨重

玉钺

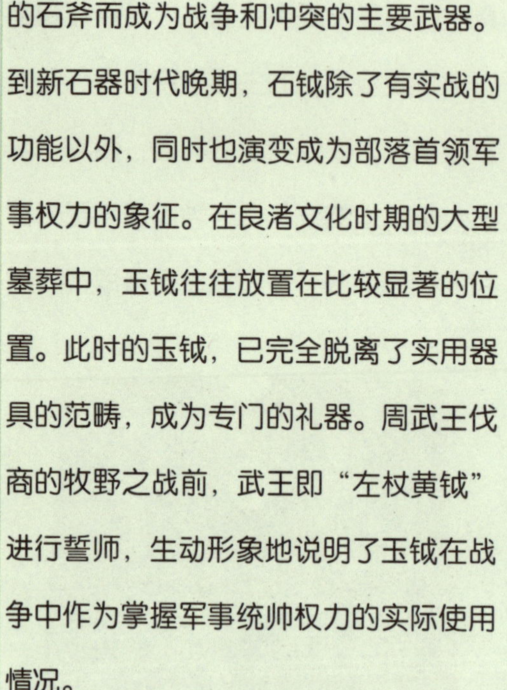

的石斧而成为战争和冲突的主要武器。到新石器时代晚期，石钺除了有实战的功能以外，同时也演变成为部落首领军事权力的象征。在良渚文化时期的大型墓葬中，玉钺往往放置在比较显著的位置。此时的玉钺，已完全脱离了实用器具的范畴，成为专门的礼器。周武王伐商的牧野之战前，武王即“左杖黄钺”进行誓师，生动形象地说明了玉钺在战争中作为掌握军事统帅权力的实际使用情况。

这件玉钺刃部两侧外撇，造型呈“风”字形，顶部有一半圆形钻孔，上部有一圆形钻孔，便于用绳索对玉钺进行捆扎固定。整件器物通体磨光，制作十分精致，其刃部光滑，无使用痕迹，故非实用器，而是墓主人生前拥有军事统帅权力的象征。

9、玉璧

良渚文化

1984年江阴高城墩出土

直径15.3、孔径5.4、厚1.6厘米

璧是一种中央穿孔的扁平状圆形玉器，是古代中国祭天的礼器。早在良渚文化时期，玉璧即为最盛行的重器之一，在良渚先民生活中发挥着特殊作用，随葬的数量也较多。这件玉璧为透闪石质玉材，青白色，扁平圆形，外壁平直，

玉璧

中有对钻而成的圆孔，孔壁有台痕及旋转痕。一面有一弧形凹痕，表面略有高低不平，并有一小条红褐色沁斑，另一面边缘有两处斜切面，并有两大块红褐色沁斑。这件玉璧磨制抛光精细，沁色复杂多变，虽素面无纹，仍不失为良渚时期有特色的玉璧之一。

半剖玉璧

10、半剖玉璧

良渚文化

1978年武进寺墩出土

直径19.2、孔径4－4.47、厚1、切割处直径18.8厘米

这件玉璧为玉璧成品的半剖，灰青色，正面有褐黄色斑块，背面有黑褐斑。玉璧切割处处于圆孔之外，断面留有明显的台阶痕，可断定用平刃工具从两面直线切割而成。两面孔径大小不一，孔壁光滑。这是观察良渚玉璧制作工艺的一件珍贵标本。

11、锥形玉饰

良渚文化

1984年江阴高城墩出土

长4.8厘米

该玉饰呈乳白色，为透闪石软玉，有青灰和黄色斑。方锥形，器体短小，一端钝尖，另一端琢有长0.6厘米的短榫。锥体分四面，四面斜收成尖端。锥体下段以对角线为中心琢刻两组兽面纹。

锥形玉饰

上部有两条平行的凸横档，上饰细弦纹。其下以椭圆形面、梯形凸面、凸横档表示眼睑、额、鼻等，重圈为眼，外圈两侧有对称的小三角形眼角。在没有兽面纹的两角上饰刻有卷云纹的凸横档。榫头稍有损伤，短榫上有两面对钻而成的小孔，孔径 0.2 厘米，可用于穿绳系挂，应属佩玉。器形规整、小巧，制作精良，通体磨光，纹饰纤细、生动，反映出良渚文化小件玉器高超的制作工艺水平。

12、双孔玉刀

良渚文化

1977 年武进寺墩遗址征集

高 6.8、背宽 12.5、刃宽 13.5、厚 0.5、孔径 1.2 厘米

玉刀是由石刀发展而来。早在新石器时代已有发现，此后的夏商仍有生产，西周时逐渐消失，推测为古代代表权威和地位的玉仪仗器，它是权力的象征。作为礼器的玉刀，形状大致有两种，一种是扁平的长方形，一侧为刀背，一侧为刀刃；另一种则做成了带柄的形状。

这件玉刀为扁平长方形，淡黄色，有褐斑。刀中部靠刀背处有两个并列的

双孔玉刀

对钻小圆孔。有两面对磨的平刃，刃口不锋利，非实用器。全器磨制精致，表面光滑。其造型在良渚文化中比较少见，不失为良渚文化玉器之精品。

二、原始青瓷

我国是世界上发明瓷器最早的国家，早在公元前16世纪的商代，先民就创造出了原始的瓷器。春秋战国时期，原始青瓷的发展进入鼎盛时期，特别是江南地区成为其主要生产区域。上世纪80年代中后期，常州武进淹城遗址曾出土了大量西周后期至春秋战国时期的原始青瓷，造型与风格不仅受到中原青铜文化的影响，而且具有十分明显的本土化倾向。代表性的器形有豆、碗、盘、罐、尊、鼎、簋及大型的瓮、甬形器等。锥点纹、剔刺纹、堆塑纹都是富有浓郁地方色彩的纹饰；水波纹和涡纹，更是江南水乡特色的反映。器物造型规整优美，并采用多种堆塑、贴塑进行装饰；瓷胎纯净、细腻，呈灰白色或土黄色；胎体致密坚硬，厚薄均匀，击之铿锵声响，施釉采用浸釉法，釉层厚而均匀，成型工艺也由原先的泥条盘筑轮转修坯改为拉坯成型。反映出春秋战国时期原始青瓷制作已达到相当高的工艺水平。

1、原始青瓷簋

春秋

1972年武进淹城征集

高12、口径20.5、腹径27、底径20厘米

器形为撇口，束颈，圆鼓浅腹，圈足，平底。肩部贴附绹纹环耳一对，两耳侧

原始青瓷簋

贴有S形的堆纹装饰，贴塑雏鸟七只，作栖息状，腹部采用剔刺法制成密密匝匝的锥刺纹，小鸟的轻松稚拙与锥刺纹的深沉神秘融为一体，形成强烈的独特效果。其精巧的构思、高超的技艺令人观而叹之。这件瓷簋胎质细腻，制作精良，除器底外，内外施青灰色釉，釉面薄而匀净。胎釉烧结紧密，扣之有清脆之音。瓷簋造型仿商周青铜礼器，肃穆质朴，古气盎然，装饰技法运用了盛行于青铜器上的浮雕堆贴而散发着青铜时代的艺术风韵，表现出当时工匠的丰富想象力和娴熟的技巧，其锥刺纹、S形附加堆纹和绹纹耳，又具有浓郁的南方地域特征，为一件珍贵的原始瓷器。

2、原始青瓷罐

春秋

1976年江阴周庄出土

高17.1、口径13.5、腹径22、底径19厘米

口沿外折，直颈，鼓腹，平底。内外施茶黄色釉，底部无釉，胎体较坚致。颈部饰一周凸棱纹和数周锯齿形刻划纹，肩部左右饰两个兽足形鋬耳，腹部拍印三层的变体龙纹。胎体较坚致，釉色茶黄，此罐器形在原始瓷中比较罕见，其

原始青瓷罐

鼎是中国古代礼器中的重器，它是由新石器时代的炊煮器——陶鼎发展而来的。在中原地区青铜礼器盛行的同时，南方地区则用原始瓷器来替代。这件原始青瓷鼎，侈口，尖唇，斜腹，扁圆足，三个粗矮足外撇，胎体坚致，施茶黄色釉，釉色光亮如新，鼎内心有不规则螺旋纹，上腹外壁有四层锥刺纹，并在三足的对应部位堆塑三道凸棱与三足相连，凸棱顶端各饰一S形纹饰。这

造型古朴，装饰手法有青铜器风格，特别是双兽足形器耳更为独特，有很高的科学价值和艺术价值。

3、原始青瓷鼎

春秋

1974年丹阳导墅征集

高9.8、口径17.9、腹径18.8厘米

原始青瓷鼎

件原始青瓷鼎，从其造型、胎质、釉色以及装饰风格来看，堪称南方地区原始青瓷器中的代表性器物。

4、原始青瓷尊

春秋

1969年丹阳导墅征集

高30.7、口径23.8、腹径28.4、底径19.5厘米

原始青瓷尊

口微外撇，束颈，斜折肩，椭圆筒形深腹，平底。内外施茶黄色釉，底部露胎。器身拍印圈、线结合的几何纹，由肩至底共十一重，肩部贴有一对绹纹耳。此器胎质坚硬，瓷化程度高，器形硕大，稳重端庄，很有气魄，地方特色显著。

5、原始青瓷罐

春秋

1974年丹阳导墅征集

高7.7、口径7.3、底径6.5厘米

口沿外侈，丰肩，圆腹，卧足内凹。肩部饰三道弦纹，间以两组内凹式锥刺纹，左右饰小绹系各一个，系两侧再饰S形堆塑各一个。胎质坚致，釉色青黄。这是一件原始青瓷的典型器，造型规整，拍印纹饰清晰，器表施高温青釉，釉色

原始青瓷罐

青中闪黄，釉面光亮。

6、原始青瓷盖罐

春秋

1976 年江阴周庄征集

高 9.9、口径 10.2、底径 7.9 厘米

这两件盖罐形制、大小相同。盖罐均为侈口，束颈，斜折肩，圆鼓腹，渐收成平底。盖顶饰以绹纹钮两端附贴一对 S 形纹饰，罐肩部四面堆贴绹纹耳和 S 形纹饰各一对，平底有粘砂。施青褐色釉。这种器形极具地域特点。

原始青瓷盖罐

三、南朝画像砖

1976 年常州茶山公社戚家村出土一座南朝画像砖墓，一块块排列有序的画像砖，组合成大型墓室壁画。画像砖用来装饰墓葬，一般认为始于战国晚期，在东汉达到鼎盛并延续到三国两晋南北朝时期。这批画像砖题材丰富，既有形态各异的人物形象，神话传说中的飞禽走兽，富有装饰性的奇花异草，还有作为间隔之用的几何线条。各种图案事先经过精心设计，在造砖制坯时刻模印好。画像砖风格飘逸洒脱，注重个体形象的表现，道教中的飞仙和佛教中的狮子形象同时出现，均为南朝晚期绘画的典型特征，对研究六朝时期艺术风格发展演变，具有极高的历史与艺术价值。

1、人物纹画像砖

人物纹画像砖共七块，其中男像三块，女像四块，形象各不相同。这组画像砖制作工艺精湛细致，人物造型丰满圆润，是难得的精品佳作。

持剑武士砖：

长 32.2、宽 16.5、厚 3.8 厘米

男像，体态优雅，眉目清秀。发髻高耸，戴有冠，并横插一簪。上身着宽袖开襟衫，内衬圆领衫，露颈，下穿宽松长裤，着云头履。手持剑柄，剑柄垂缨带，另一手位于剑上端，作按剑状，身份应为一武士。

捧奁侍女砖：

长 32.2、宽 16.5、厚 3.8 厘米

侍女双环发髻下垂，面部丰满，宽额，细眉，下巴略圆，眉目清秀，但两眼半

持剑武士砖

捧奁侍女砖

闭。上身为开领宽袖短衫，露臂，袖口系两细带，衣外似着“围腰”或“束腰”。下面长裙曳地，着宽高云头履。侧身向右，双手捧奁。

执物侍女砖：

长 32.2、宽 16.5、厚 3.8 厘米

侍女发作双蝴蝶髻左右高耸，脸型丰满。上身穿宽袖开襟衫，露颈，腰间似有“带钩”或“带纽”一类饰物，脚着云头履，右手持一长柄物，似“如意”，又似“麈尾”或称“拂尘”。

拈花侍女砖：

长 32.2、宽 16.5、厚 3.8 厘米

侍女发作双蝴蝶髻左右高耸，脸型丰满。上身穿宽袖开襟衫，露颈，腰间似有“带钩”或“带纽”一类饰物。背略前弯，左手下垂，右手作拈花状。

托博山炉侍女砖：

持物侍女砖

拈花侍女砖

托博山炉侍女砖

长 32.2、宽 16.5、厚 3.8 厘米

侍女发作双髻下垂，脸型丰满。上身为开领宽袖短衫，双臂向上露出，袖口系两细带，衣外似着“围腰”或“束腰”。下面长裙曳地，着高云头履。左手托博山炉，炉顶立一小朱雀，右手似作舞蹈动作，体态优雅飘逸。

2、神兽纹画像砖

神兽纹画像砖分三组，为辟邪、天禄、狮子图案，每组由四块砖侧面模印组合而成。

天禄纹砖：

高 16.8、宽 21.5、长 34 厘米

体态似鹿，而头有二角，长尾上扬，四蹄腾空，作凌空腾飞状。天禄与“天命”、“禄位”有关，从汉代起即作为镇墓兽使用。

辟邪纹砖：

天禄纹砖

高 16.8、宽 21.5、长 34 厘米

体态似鹿，而头有独角，长尾上扬，四蹄腾空，作凌空腾飞状。辟邪与天禄通常组合出现，既有祈护祠墓，冥宅永安之意，亦作为升仙之坐骑。

狮子纹砖：

高 16.8、宽 21.5、长 34 厘米

狮子图案，大张口，前爪抬起，后

辟邪纹砖

狮子纹砖

腿蹲踞，尾巴长而上扬，体格雄健，做回首怒吼状。造型夸张，生动传神。狮子在古代印度和波斯极受崇拜，享誉僧俗二界，是神力和王权的象征，汉代自西域传入中国后，一直是佛教艺术中的圣物。狮子形象在戚家村画像砖中的出现，反映出西域佛教艺术的影响，与南朝后期玄学式微、佛教逐渐兴起的社会背景相吻合。

3、飞仙纹画像砖

高 17、宽 21.5、长 34 厘米

飞仙纹画像砖分为两组，每组由四块砖侧面模印组合而成，图案相同，为左右相对形制。

飞仙为女像，头戴冠饰，脸部丰满，手捧葫芦形净瓶，冠饰和衣服的飘带似随风摇摆，体态婀娜飘逸。此飞仙为道教中的人物形象，与代表佛教的狮子同

飞仙纹画像砖 1

飞仙纹画像砖 2

时出现，正说明此时多种意识形态共存。

4、凤凰纹画像砖

凤凰纹画像砖分两组，分别为凤、凰图案，每组由三块砖侧面模印组合而成。

凤纹砖：

高 16.5、宽 16.2、长 34 厘米

头顶有冠，喙紧闭，细长颈，两翼张开，长尾上扬呈圆弧形，双爪前后错开，作凌空飞翔状。姿态优美，栩栩如生。

凰纹砖：

高 16.5、宽 16.2、长 34 厘米

喙微张，细长颈，两翼张开，长尾上扬呈圆弧形，双爪前后错开，作凌空飞翔状。姿态优美，栩栩如生。

凤、凰左右相对，遥相呼应。凤凰是中华民族最重要的象征吉祥和瑞的图腾，凤为雄性，凰为雌性，凤、凰合称

凤纹砖

凰纹砖

则代表女性。此处采用凤、凰相对的图案，也是取义祥瑞、和谐的意思。

5、“千秋万岁”纹画像砖

“千秋万岁”纹画像砖分两组，每组由三块砖侧面模印组合而成。分别有兽首鸟身和人首鸟身。

“千秋万岁”兽首纹砖：

高 16.8、宽 15.5、长 34 厘米

兽首，鸟身，两翼张开，长尾上扬呈圆弧形，双爪并列，作欲振翅高飞状。

“千秋万岁”人首纹砖：

高 16.8、宽 15.5、长 34 厘米

人首，头戴冠饰，着开襟衫，两翼

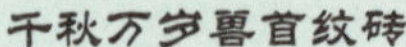
千秋万岁兽首纹砖

千秋万岁人首纹砖

张开，长尾上扬呈圆弧形，双爪并列，作欲振翅高飞状。

“千秋万岁”这一说法最早见于西晋葛洪的《抱朴子·对俗篇》：“千岁之鸟，万岁之禽，皆人面而鸟身，寿亦如其名。”“千秋万岁”即是“千岁鸟”、“万岁禽”的合称，是传说中的长寿神鸟，对墓主人极为祥瑞，从汉朝时就作为镇墓兽使用。

6、龙虎纹画像砖

龙虎纹画像砖分两组，分别为龙、虎图案，每组由七块砖侧面模印组合而成。龙虎纹砖在整组画像砖中，图案面积最大，最具气势。

龙纹砖：

高 16.5、宽 35.2、长 34 厘米

龙大张口，长吻，长舌外露，头顶长有分支的双角，细长颈，身体弯曲，长尾上扬，背部、尾端及四肢关节处生有飘动的飞鳍，身躯雄健有力，作凌空腾飞状，展示出与众不同的瑞兽气势。

龙纹砖

虎纹砖：

高 16.5、宽 35.2、长 34 厘米

虎大张口，短吻，细长颈，身体弯曲，长尾上扬，背部、尾端及四肢关节处生有飘动的飞鳍，身躯雄健有力，作飞奔状，既具有浓厚

虎纹砖

的装饰意味，又透出山林兽王的雄威和祥瑞气氛。

龙是中华民族最重要的图腾，此处的虎则是以神话中的飞虎形象出现，展现了创作者丰富的想象力和高雅的审美情趣。

四、宋代漆器

漆器在我国古代工艺史上，占有重要地位。数千年来历久常新，应用不衰。馆藏南宋漆器精品大部分出土于常州武进村前公社蒋塘大队南宋墓。这批漆器制作精美，器形典雅，装饰技法以单色漆为主，并兼有戗金、剔犀工艺，制作手法相当成熟。其中朱漆戗金莲瓣式人物花卉纹奁等戗金漆器的出土，填补了国内考古发现的空白，成为宋代戗金漆器实物的典范。很多器物都带有铭文，如“温州新河金念五郎上牢”、“常州秘嗣同上牢”、“庚子杭州井亭桥沈上玉刻”等，既有制作地点，也有工匠名字，有的还有年款，反映出宋代江浙一带漆器制作行业的繁荣兴盛。

1、“万寿常住”漆碗

北宋

1982 年 8 月常州纱厂工地出土

高 10、口径 15.8、底径 8 厘米

木胎，造型为六瓣荷花形，直口，深腹，高圈足，碗外壁髹黑漆，内髹赭色漆，朴实而不失雅致。碗的外壁朱书“万寿常住”和“戊戌”六字。“戊戌”当是年款，北宋戊戌年有三个年代，分别为宋真宗咸平元年（公元 998 年）、宋仁宗嘉祐三年（公元 1058 年）和宋

“万寿常住”漆碗

徽宗政和八年（公元 1118 年）。“万寿常住”四字铭文说明这件漆碗是祝寿之物。此漆碗基本完好，造型规整，且带有铭文和年款，在北宋素面漆器中较为少见。

2、“常州”铭花瓣形漆碗

北宋

1984 年 5 月常州清潭体育场工地出土

高 10、口径 19、底径 10 厘米

漆碗木胎，直口，深腹，口沿为十瓣花形，器形规整大方。漆面光亮，内外髹黑漆，腹外壁朱书“常州秘嗣上牢”六字，旁有小字“甲戌”年款。北宋甲戌年共有三个，分别为宋太祖开宝六年（公元 973 年）、宋仁宗景祐元年（公元 1034 年）、宋哲宗元祐九年（公元 1094 年）。这件记录了制作地点、工匠姓名、制作时间的珍贵遗物，对研究常州古代漆器工艺史，具有十分重要的价值。

“常州”铭花瓣形漆碗

3、朱漆戗金莲瓣式人物花卉纹奁

南宋

1976年常州武进村前乡蒋塘出土

通高21.3、直径19.2厘米

它是我国目前已知的戗金漆器中时代最早，保存最为完好并带有款铭的漆制工艺品之一。漆奁木胎，整体为十二棱莲瓣筒状造型，由盖、盘、中、底四部分扣合而成，合口处口沿均镶包银扣。整器通体外髹朱漆，内髹黑漆。奁盖上运用戗金工艺刻画出一幅仕女消夏图：花园内山石嶙峋，柳荫扶疏，方格的花径上挽臂而立仕女二人，梳着美丽端庄的发髻，身着直领对襟衫，长裙曳地，一人手持折扇，一人怀抱团扇，两人神态亲昵，似在窃窃私语。一婢女手捧长颈瓶，随侍在旁。奁身四周十二棱间另戗刻有荷花、牡丹、梅花、山茶、莲花等六组折枝花卉。奁盖内黑漆底上，有朱漆书写十字铭文“温州新河金念五郎上牢”。这件戗金漆奁的出土，为研究我国漆器工艺的发展历史提供了重要资料，并为我国髹漆工艺史填补了空白。

朱漆戗金莲瓣式人物花卉纹奁 1

朱漆戗金蓮瓣式人物花卉纹奁 2

4、朱漆戗金人物花卉纹长方盒

南宋

1976 年常州武进村前乡蒋塘出土

通高 10.7、长 15.3、宽 8.1 厘米

木质胎，胎用“合题”法制作，即用多块木板斗合而成，整器由盒身、浅盘和盖三部分组成，盒身有子口，口部套一浅盘，通体外髹朱漆，内髹黑漆。漆盒出土时内装一对小粉盒，说明它是古代妇女用来盛装脂粉的器具。盖面以戗金工艺刻画了一幅人物风俗画：一老翁自山间行来，头束发髻，露胸袒腹，肩荷一木杖，杖头挂钱一串，远处点以茅屋，象征酒家，画面平远开阔，意境清逸。内容取自《晋书·阮修传》的记载：“阮修常步行，以百钱挂杖头，至酒店便独酣畅。”画面人物栩栩如生，给人以动中取静的感觉，充满着浪漫的生活气息，犹如一幅世外桃源的写意画。在盒身和盒盖的四面上下分别各有一组细钩戗金连枝花卉纹，共八组花卉图案，

朱漆戗金人物花卉纹长方盒 1

朱漆戗金人物花卉纹长方盒 2

刻画了牡丹、芍药、栀子、山茶四种花纹。盒盖内侧有朱漆书写的“丁酉温州五马钟念二郎上牢”十二字款识，具有极高的历史和艺术价值。

5、攒犀地戗金细钩填柳塘纹漆盒

南宋

1976 年常州武进村前乡南宋墓出土

高 11.1、长 15.5、宽 8.5 厘米

漆盒木胎，长方形，子母口，口内套一黑漆浅盘。器身黑漆地，细钩戗金，盒盖面为一幅柳塘小景图，远近虚实结合，布局均衡。盒盖四周及立墙细刻山茶、牡丹、菊花、梅花等四季花卉纹。在纹饰空隙处采用攒犀技法，錾出许多圆形小孔，内填朱漆加以磨光。盒盖内朱书“庚申温州丁字桥巷解七叔上牢”十三字。漆盒制作工艺极为考究，它将戗金和填漆两种技法有机地结合到一起，增强了花纹的装饰效果，是两宋漆器中难得的珍品。

攒犀地戗金细钩填柳塘纹漆盒

6、剔犀执镜盒

南宋

1976 年常州武进村前乡蒋塘出土

高 3.4、长 27.3、盒外径 16 厘米

剔犀执镜盒木胎，整体为一执镜形状，出土时盒内放置有双鱼纹执镜一面。盒面、柄部及周缘剔刻出云纹八组。刀口露出多层色漆，肥厚圆熟。底面及盒内侧髹黑漆。剔犀是雕漆的一种，始于

剔犀执镜盒 1

剔犀执镜盒 2

唐代，制法是用两种或三种色漆，在器胎上逐层髹漆，干一层再漆一层，每层由若干道漆堆起，厚薄并不一致，待漆层积至相当厚度，然后用刀在漆面剔刻出纹样，有云钩、回纹、剑纹、绦环等图案，由于在刀口的断面显露出不同颜色的漆层，与犀牛角横断面层层环绕的肌理效果极其相似，故得名“剔犀”。由于其线条婉转，回环曲屈，且花纹轮廓保持齐平，构成有规律的图案变化，因而这种技法又称作“云雕”。这件执镜盒用料考究、制作工艺精湛，是为数不多的南宋剔犀漆器代表作，也是目前发现时代最早的剔犀漆器之一。

7、漆唾壶

南宋

1976 年常州武进村前乡蒋塘出土

高 10.5、盘口径 20.5、底径 6.3 厘米

宋代素面漆器的代表实物之一。木胎，托盘形口，束颈，圆鼓腹，浅圈足，通体髹黑漆，器身轻巧。唾壶为古代的一种卫生洁具，用于宴会上盛装肉骨鱼刺，故又称“渣斗”，始于东汉，盛行于三国两晋南北朝时期。常见的唾壶均为瓷器，造型圆润，早期多素面，越至后期装饰越是精美。宋代的漆器唾壶实物较为少见，这件唾壶的出现，一方面显示了宋代漆器精巧别致的特点，另一侧面也反映了宋人优雅的生活方式。

漆唾壶

五、两宋名瓷

宋代是中国陶瓷艺术的黄金时代，制瓷技艺极为精湛，名窑遍布南北各地。迄今已发现的宋代陶瓷遗址分布于全国 170 个县。宋代的瓷器一改唐代华贵富丽之风，向沉静素雅、蕴藉隽永的风格演进，其造型、釉色、装饰都给人们留下回味无穷的感觉。

京杭大运河开通以来，常州成为重要的交通枢纽。“自苏松到两浙七闽数十州，往来南北二京者，无不由此途出”。便利的交通条件推动了宋代常州商贸的发展，越窑、定窑、龙泉窑、景德镇窑、

吉州窑、耀州窑和建窑等名窑的精品都汇聚在这里，反映了宋代常州商品贸易的活跃。

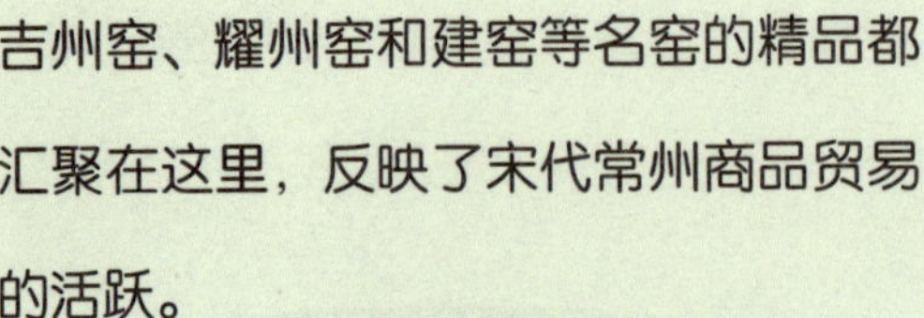

1、越窑暗花卷草纹八角葫芦瓶

北宋

1984年常州清潭体育场工地出土

越窑暗花卷草纹八角葫芦瓶

高7.5、口径11、底径2.2厘米

越窑是我国古代南方名窑之一，其历史悠久，源远流长，始于东汉晚期，止于北宋晚期，唐五代时达到鼎盛，前后经历了一千多年，形成我国历史上影响最大的瓷窑体系。北宋前期越窑青瓷仍继承五代之遗风，除烧造青绿、湖绿等青翠美丽的釉色取胜外，大量地运用“线刻”技法，这种线刻使画意主次分明，其中花纹装饰作法盛行。

葫芦瓶小口微敛，整体为八楞葫芦形，每楞间刻划卷草纹。胎薄细腻，釉色青中泛绿，釉质薄匀透澈，犹如一泓清水，有“秘色”瓷之感。整体刻花装饰，线条清晰。此葫芦瓶器型虽小，但造型优美。瓶体以八楞相隔，使“葫芦”平添了艺术韵味，更在其每楞间饰之轻盈的卷草纹划线，画面构图疏朗，刻花线纹流畅，与端庄秀巧的器形、清澈如湖水的釉色相配，颇具典雅飘逸之美。是北宋早期越窑青瓷小件器之精品。

2、越窑刻花卷草纹镂空香熏

北宋

1975 年武进西林许家村征集

高 8、口径 9.3、底径 6.1 厘米

越窑刻花卷草纹镂空香熏

全器由盖与座两部分相合成扁圆球形，以子母口相扣，大圈足，足底微凸，足根外撇。盒盖镂刻卷草纹，茎叶之外皆镂空，缠绕转折的枝叶空隙为镂孔，盖边及腹上部饰划花水波纹，腹下部刻划双层莲瓣纹。除盒盖的子口缘外，内外均施灰青色釉，釉质润泽，底部见支烧痕。这件香熏既是精美的陈设品，又是实用品，使用时将所燃香料置于炉内，香烟可从镂孔处飘出，使实用与装饰浑然一体。香熏造型典雅规整，釉色青莹润泽，装饰技法娴熟，集镂、刻、印三种装饰手法于一身，且如此精湛完美，代表了越窑青瓷工艺高峰时期的水平。

3、越窑刻花牡丹纹盖盒

北宋

1983 年常州劳动东路工地出土

高 4.5、口径 13、底径 10 厘米

此盒是日用器皿中的重要产品，作盛放脂粉之用，亦称“粉盒”。整体造型端庄稳重。盒及盖的口沿外壁均有1.6厘米宽的唇边，使子母口吻合牢固，盒盖圆鼓，高圈足根部外翻。胎体厚实坚致。除盒盖的子口缘外，内外满施灰青色釉，釉面均薄润泽，底部见支烧痕。浅坦腹，大圈足，足底微凸，足根外撇。盖顶面饰模印刻划缠枝牡丹纹，边缘一周刻短花叶纹，中间三道弦纹包围牡丹纹。装饰纹样因物而宜，随盖面而成团形构图，画面丰满有序。模印纹理经过刻划加工，枝干清晰，花叶绽放，不同于一般的模印刻划纹，刻得犀利，刀锋犹存，似凸浮雕，富有生气。此器的制作，无论是造型还是装饰盖面纹饰的技法处理，都带有金银器的錾、凿、锤的艺术效果，显得优雅而华美。

越窑刻花牡丹纹盖盒

4、景德镇窑青白釉瓜楞执壶

北宋

1974年丹阳导墅出土

通高15.8、盖径5.7、口径5、腹径14.2、底径8.8厘米

早在南北朝早期的青瓷当中，已经有了这种执壶的造型，至唐宋两代多为

景德镇窑青白釉瓜楞执壶

金银器中的一种酒具。这件执壶由盖和壶身组成。盖为扁圆饼形，正面中心凹陷，有一个花形小钮，盖缘一侧有一个管状穿孔系，底部有凸起的子口。壶身为侈口，弧唇外卷，锥形束颈，圆球形瓜楞深腹，圆肩，肩腹部有宽鋬柄，柄上端也有一个管状穿孔系。把手对应一侧有细长弯管流，平底微凹，可见旋胎及四块支烧痕，鋬柄下及管流下均刻划有暗花的覆状莲花瓣纹。通体施青白釉，釉质莹润，釉面有冰裂纹。

5、景德镇窑青白釉暗花缠枝牡丹纹渣斗

北宋

1978年武进村前乡圩上村出土

高10.8、口径15.6、底径12.4厘米

这件渣斗形制上模仿了青铜尊的款式，口沿外撇，短束颈，扁圆鼓腹，喇叭状圈足。通体施釉，釉色白中闪青，看上去如冰似玉，洁净高雅。胎骨厚重，胎质坚致，釉面有细碎开片纹，圈足底有垫饼装匣仰烧的痕迹及粘砂。腹部饰暗花缠枝牡丹纹，构图简练。纤细的纹线流畅飘逸，赋予器物以秀美、恬静的

景德镇窑青白釉暗花缠枝牡丹纹渣斗

意境，整体造型古朴中见典雅，端庄中溢魅力，显示了当时制瓷工匠高超熟练的创作技巧，是一件北宋时期景德镇窑青白瓷的上乘之作。

6、景德镇窑影青荷叶形托盏

北宋

1974 年丹阳导墅出土

高 8.7、托径 13.8、盏径 7.8、底径 4.8 厘米

托盏是茶具的一种。盏是盛水之器，故致力于深和圆的造型，并以素洁取胜；而盏下的托盘则要便于执拿，又为了美观，便特意在周边切出花口，并让其微微翻起，像是一片软软的荷叶。宋代饮茶风气极盛，南北瓷窑竞相生产各类茶具。范仲淹的“黄金碾畔绿法飞，碧玉瓯中素涛起”，说的就是茶具与茶之美。

景德镇窑影青荷叶形托盏

如果茶叶好而茶具差，品饮时就会情趣韵味大减，故古人说：“茶瓶用瓦，如乘跛马”。茶器反映了人们的创造智慧，技艺情趣。

这件托盏，盏、托为一体。敛口，窄唇外翻折平，深弧腹，托盘呈六瓣荷叶形，锥形高圈足，足根处饰弦纹数道。胎体致密轻薄，胎薄近乎半透明，造型轻巧，宛如一朵盛开的荷花。通体施釉，釉色白中闪青，釉质晶莹温润，整体像是青白玉琢成之珍品。

7、景德镇窑影青观音坐像

南宋

1978年常州市委人防工程宋井出土

通高25.4、底座10.9×6.5厘米

这件观音头戴化拂珠冠，内穿僧祇支，胸前佩挂串珠璎珞，两侧饰有挂落佩带，胸部露而不袒。外披通肩大衣，

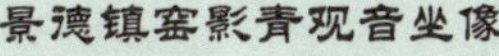

景德镇窑影青观音坐像

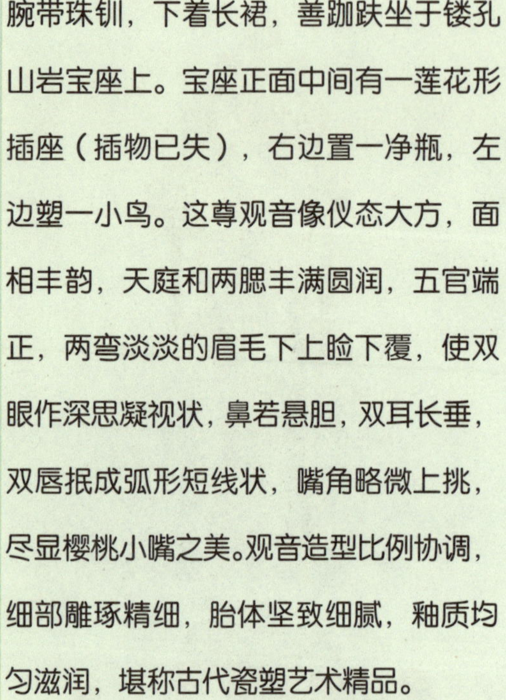

腕带珠钏，下着长裙，善跏趺坐于镂孔山岩宝座上。宝座正面中间有一莲花形插座（插物已失），右边置一净瓶，左边塑一小鸟。这尊观音像仪态大方，面相丰韵，天庭和两腮丰满圆润，五官端正，两弯淡淡的眉毛下上睑下覆，使双眼作深思凝视状，鼻若悬胆，双耳长垂，双唇抿成弧形短线状，嘴角略微上挑，尽显樱桃小嘴之美。观音造型比例协调，细部雕琢精细，胎体坚致细腻，釉质均匀滋润，堪称古代瓷塑艺术精品。

8、景德镇窑影青刻花牡丹纹筒式炉

南宋

1977 年江阴云亭征集

高 15.7、口径 12、底径 10.4 厘米

炉是焚香用具，多用做生活燃香用具或佛前供器，造型多样。此炉呈筒式，大圈足。胎体厚重，釉面是温润细腻的青白色。靠口沿处饰一周回纹，腹部主题纹饰为牡丹花卉纹，底部饰水波纹，均用刻划手法，刻纹精细清晰。牡丹花型硕大，线条略显稚拙，却与厚重的胎体协调，显得沉稳朴实，主题纹饰以外的空隙布满篦划纹，布局繁而不乱，使这只作为供器的炉于庄重中透出了生活

景德镇窑影青刻花牡丹纹筒式炉

的轻快气息。

9、定窑银包口暗花透明碗

南宋

1976 年武进村前乡蒋塘宋墓出土

高 5.2、口径 15.4、底径 3.2 厘米

敞口，斜壁，小圈足，呈笠帽形。胎体轻薄，对光透明，通体施白釉，釉色莹润微显黄。工艺上采用覆烧，“芒口”口沿镶银包口。外壁素面无纹饰，碗内满饰纹饰：内壁口沿下回纹一圈，内壁为缠枝牡丹花中两凤翔飞，内底心为一朵花纹。

印花纹饰清晰而流畅，似一幅富有立体感的浅浮雕画，表现了纯熟卓越的印花技巧。牡丹花，被人视为繁荣昌盛，美好幸福的象征，宋时称为富贵花，并把它作为装饰题材表现在各种工艺品上。凤凰是吉祥纹饰，也是常见的装饰题材。此碗的牡丹花纹茎蔓缠绕婉转，花叶纷披连绵，俯仰有致，两只飞凤翔舞其间，给人以欣欣向荣之感。布局严谨的纹饰构图中，因为有了凤穿牡丹的动态瞬间，平添了生活气息。清晰的印纹，加之口

定窑白瓷器物形制轻巧俊秀，既具实用性，又美观大方，其最为突出的印花装饰，纹饰极为清晰精美。此件银包口暗花透明碗胎体轻盈坚致，釉面润泽光洁，特别是

定窑银包口暗花透明碗

沿的银包口，配在温润晶莹的牙白色釉面上十分雅洁优美。一件器物上两种工艺巧妙地结合成完美和谐的整体，可谓定窑白瓷中精美之作。

10、龙泉窑粉青釉奁口碗

南宋

1979 年常州红卫乡摇树村出土

高 5.4、口径 13、底径 3.5 厘米

龙泉窑遗址在今浙江省龙泉县，这里是宋代南方重要产瓷区，以烧制民间生活用具及各类文具为主，也烧制香炉、塑像等。这件龙泉窑碗，微敛直口沿，斜弧壁，小圈足，造型似倒置的帽子。釉色绿青，施釉至足，底无釉露灰白胎，有一脐状凸起。内底中微凹，碗心有一铭文，模糊莫辨。内壁饰刻划香草纹，线条流畅，外壁则刻狭长的变体莲瓣纹，刻划精细，排列有序。胎质白中微泛灰，细腻坚致，釉汁纯净，釉色青绿，为雅丽的粉青色釉。此件器物，除造型规整、制作精致外，器表晶莹光亮，温润滋厚，借釉中细小气泡所造成的折光散射，形成凝重深沉的质感，是南宋粉青釉器中之佳品，充分显示了南宋龙泉青瓷以釉色夺人、追求青釉质地之美的风格。

龙泉窑粉青釉奁口碗

六、明清书画

古代书画艺术品是常州博物馆的特色收藏之一，明清时期各绘画、书法流派皆有涉及。既有“浙派”健将吴伟和“吴门画派”巨擘文征明的鼎力之作，又有清初“四王吴恽”、“扬州画派”和“海派”等诸多书画名家的代表作，特别是常州籍的书画艺术家更是我们的收藏重点。常州历史上书画大家层出不穷，尤其是明清时期，文风鼎盛，名人辈出，唐顺之、孙慎行、恽向、钱维城等俱一时擅名。清初常州书画一代宗师恽寿平，不但继承创新了“没骨”花卉画的独特画风，而且其书法融二王之精髓，表现出一种飘逸、秀美、灵动之感。至他晚年时“无论江南江北，莫不家家南田，户户正叔，遂有常州派之目”。恽寿平开创的“常州画派”对清代花鸟画坛产生了深远影响。

1、吴伟　醉樵图轴

明

纸本 设色

纵 101、横 34 厘米

吴伟（1459 年－1508 年），字士英、次翁，号鲁夫、小仙，湖北武昌人。戴进之后的浙派健将，工人物、山水。画风早年比较工细，中年后变为苍劲豪放，泼墨淋漓，成为“江夏派”的创导者。

此图中画一酒醉樵夫，将柴担放在一边，双手抚胸，两眼斜窥，立于枯树老崖之下，人物面部、手部、足部采用皴擦勾描和烘染，而衣服则用粗线条勾出，不论是在人物造型，还是在笔墨方

吴伟　醉樵图轴

面都达到了较高的水平。醉汉头、手、足的动态，与他的眼神极为和谐生动、惟妙惟肖，是吴伟人物画中的精品。款署：“小仙画”，钤白文篆章“吴伟”。此画曾为嘉善查有铣收藏，又经吴湖帆鉴定题签。

2、文征明　行书七律诗轴

明

纸本

纵 347.9、横 90.8 厘米

文征明（1470 年 – 1559 年），初名壁，字征明，后以征明为名，更字征仲，号衡山居士，江苏苏州人。学诗文于吴宽，学书于李应祯，画则师从沈周，明代吴门画派代表人物之一。

文征明书法造诣深厚，临学精博，

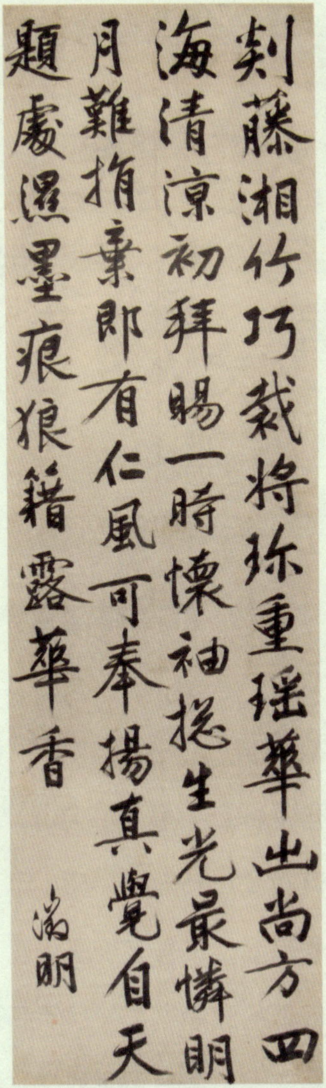

文征明　行书七律诗轴

篆隶楷行草各体兼工，对明代后期有较大影响。其书法温润秀劲，稳重老成，法度谨严而意态生动，具晋唐宋书法的风致。此幅行书七律诗，可称巨幅书作，用笔一丝不苟，提按顿挫痕迹清晰，气势连贯，章法有度，尽显端庄不凡，是其晚年以黄庭坚笔意书写的大行楷力作。

3、唐顺之　行草七律诗扇面

明

纸本

纵 19、横 54 厘米

唐顺之（1507 年 – 1560 年），字应德，又字修德，人称“荆川先生”，江苏常州人。明代中期著名文学家，“嘉靖三大家”之一，也是著名的抗倭英雄。

唐顺之的书法个性张扬，弛纵有度，洒脱自如，这种洒脱与其行旅生涯与好武功拳技的性格是相符的。此扇面所书

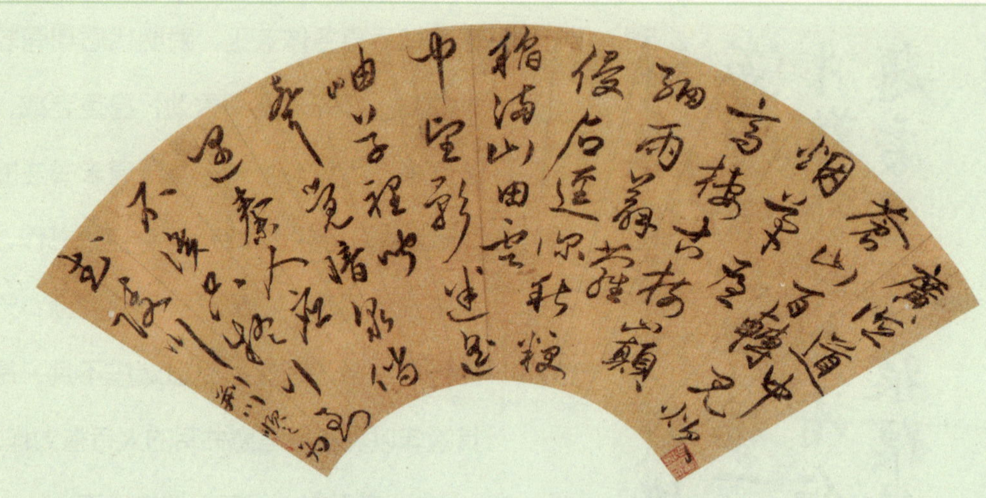

唐顺之　行草七律诗扇面

为作者在安徽广德所作的七律诗《广德道中》，其诗为："苍山百转见炊烟，茅屋高栖古树巅。细雨薜萝侵石径，深秋粳稻满山田。云中望影迷遥岫，草里闻声觉暗泉。倘遇秦人应不识，只疑行到武陵川。"字体劲健、率真恣肆，字里行间洋溢出浓郁的书卷气和大家气，体现出明代浪漫书风的特点，是一件完美的诗书合璧之作。

4、孙慎行　行书佛家语通屏

明

纸本 八屏

每屏纵 168.5、横 38.5 厘米

孙慎行（1565 年 – 1636 年），字闻斯，号淇澳，又号玄晏子，江苏常州人，明代著名政治家，崇祯年间被尊为十大贤臣之一，著有《慎独义》百篇。擅长书法，书法受黄庭坚、李邕、颜真

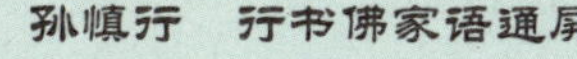

孙慎行　行书佛家语通屏

卿等影响。

孙慎行的传世作品极少，此行草佛家语八屏条激昂率意，气度恢宏，为其晚年的代表作品。从屏条上看，他作书用硬毫退笔，纵横痛快扫刷，用笔的提按顿挫、墨色的浓枯燥湿，一任自然。他的结体从黄庭坚、李邕的书法中得到启发，独辟蹊径，采用了上松下紧、左右舒展的方法，形成了法度严密、学古出新的独特风貌。款署：“玄宴子慎行书。”款下钤朱文“淇澳子印”章。款下有其裔亲、近代著名学者唐玉虬的题跋，另款左下角钤有朱文“玉霄真吏”、朱文“遂初堂杨声岩真赏”、白文“国钧鉴赏”、朱文“曾在刘国钧处”四枚鉴赏印。

5、张瑞图　行书韩愈诗轴

明

纸本

纵 175、横 43 厘米

张瑞图（1570 年 – 1641 年），字长公，号二水，福建晋江人。万历三十五年（1607 年）探花，天启七年（1627 年）入内阁。书法奇逸，尤擅行草，其书在师法钟繇、王羲之的基础上，具有张旭、怀素的流韵。

此书为张瑞图 1628 年所作，作品结体绵密，用笔劲健。是年崇祯允许其免

张瑞图　行书韩愈诗轴

官致仕，并加太保之衔，离京南归在济河舟中书此。韩愈《山石》诗极享盛名，张瑞图书写此诗有漏句，而诗中“人生如此自可乐，何必局束为人鞿，嗟哉吾党二三子，安得至老不更归”数句，似应是他书写此诗时的心情写照。款署：“戊辰夏五，书于济河舟中，果亭山人瑞图。”款下钤有朱文“果亭山人”、白文“张瑞图印”、白文“书画禅”三印。右上角钤朱文“笔研精良人生一乐”印。左下角钤朱文“谨堂曾观”鉴赏印。

6、恽向　董巨遗意图轴

明

纸本 水墨

纵160、横80厘米

恽向（1586年－1655年），明末清初画家，字本初，后改今名，又字道生，号香山翁，江苏常州人。好诗歌及

恽向　董巨遗意图轴

古文辞，善画山水，颇得雄浑之趣。

此画为崇祯五年（1632 年）恽向四十五岁时所作。此图采用高远和平远相结合的布局方式。上部山峰和中景、近景之间，分别有云气隔断，取得宁静境界中的变化，大大舒缓了整个画面密度部分的张力。董北苑、僧巨然，都以墨染云气，有吐吞变灭之势。恽向此图将江南董、巨水晕墨染方法融合到元人干笔皴擦中，使元人重在笔趣而弱于墨韵的画法润泽化，干湿互用，达到苍茫秀润的韵致，是一幅师古人与师造化创造性结合的山水画精品。款题：“董北苑巨然梅道人一派，浓至之中自具生疏之致，近世画家不解此意，单求其密而不求其疏，毫厘千里矣。壬申中秋后为子羽社兄画因志之恽向。” 款下钤朱文“本初”、白文“恽氏道生”二印。画右下角钤有白文“叔孺审定”、朱文“曾在朱屺瞻家”二枚鉴藏印。

7、朱耷　有余图轴

清

纸本 水墨

纵 110、横 43 厘米

朱耷（1626 年 – 1705 年），署八大山人，别号极多，江西南昌人，明宁王朱权后裔。明亡出家为僧，后又还俗，不久又做道士。擅书画，独成一格，对后世影响极大。

朱耷的花鸟主要吸取了林良、沈周、陈淳、徐渭等写意花鸟大家的各种技法，并以造型夸张、形象奇特，构图险怪、笔墨雄健而著称于世。他笔下的怪石、花草、虬松及鱼雁禽鸟，笔墨纵姿简括，形态怪诞奇特，或蜷足缩胫，或鼓腹耸肩，或白眼向人，极其生动地刻画出一

朱耷　有余图轴

些对人世不屑一顾的冷僻傲慢的生灵形象，以宣泄他对异族统治的嫉恨和讥讽之情。此图中用墨笔绘一鳜鱼，构图虽简单，但用笔痛快淋漓，墨色丰富，形态生动而有异趣。鳜鱼作白眼向人状，是其用意白眼看青天，以寓其胸中不平之气的真实写照。款署："八大山人画。"款下钤白文"鰕组篇轩"、"八大山人"二印。

8、恽寿平　蔬果册页

清

绢本 设色 四开

纵 24、横 33 厘米

恽寿平(1633年－1690年)，原名格，字寿平，后以字行，改字正叔，号南田、云溪外史、瓯香馆主等，江苏常州人。诗文书画成就均高，以没骨花卉开一代画坛新风，是"常州画派"创始人，为

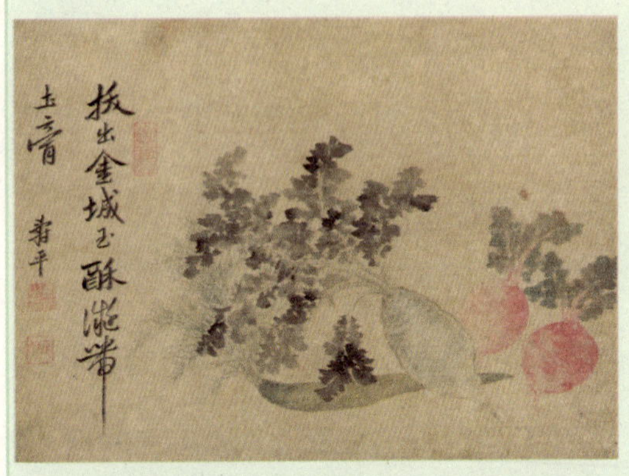

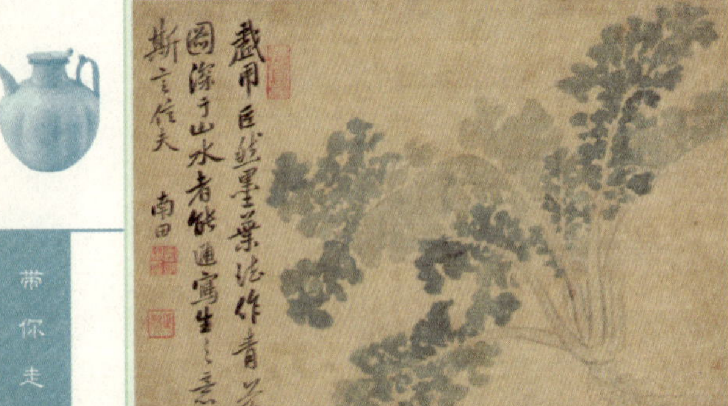

恽寿平　蔬果册页

“清初六大家”之一。

从恽寿平传世的许多花鸟画作品来看，主要以水墨着色渲染，花卉种类繁多，画面工整妍雅，清新冷艳，朦胧中有明丽的光泽，有超凡入圣之感。“飘飘若仙，宛如李白之诗”。“赋色之妙，为古今绝艺”。后人赞誉，绝不为过。此四开册页描绘农家蔬果，浓香鲜活，生动传神，皆为日常所见之物，经过他的精心提炼，显得尤为亲切动人。蔬果主要以墨彩点染而成，色彩虽然鲜艳，却不滞重，用笔洒脱、飘逸。蔬果栩栩如生，纤毫毕现的细部刻划，显示了他高超的绘画水平。恽寿平亦擅长书法，他的书法取法二王又受到唐寅、文征明的影响，其书飘逸流畅，文人气十足，与他的丹青合为双璧。

9、禹之鼎　绘王麓台小像图轴

清

纸本 设色

纵 134、横 43 厘米

禹之鼎（1647 年 – 1716 年），字尚吉，号慎斋，江苏兴化人，后寄籍江都。康熙年间著名画家，擅山水、人物、花鸟、走兽，尤以肖像著称。入京供奉内廷后，誉满京师，一时名人小像皆出其手，推

禹之鼎　绘王麓台小像图轴

当时第一。

此图为禹之鼎人物画精作，绘清初著名山水画家王原祁小像。人物仪态自若，墨骨和色晕并重，衣纹用淡墨勾描，两颧微用脂赭晕染，肌肤色泽明润，立体感强，达到了形神兼备臻境，周围亦造境雅逸，实为禹氏人物画中少见。图右下款署：“广陵禹之鼎。”钤朱文篆书“慎斋”印。装裱处有顾沄、姚觐元、吴郁生等人题跋。

10、王原祁　小孤山图轴

清

纸本 水墨

纵 97、横 46 厘米

王原祁（1642 年 - 1715 年），字茂京，号麓台，江苏太仓人，王时敏孙。康熙九年（1670 年）进士，官至户部侍郎，为清初“四王”之一。

王原祁　小孤山图轴

王原祁擅画山水，继承家法，学元四家，以黄公望为宗，喜用干笔焦墨，

层层皴擦，用笔沉着，自称笔端有金刚杵。此画作于1698年，从款中得知是江行至小孤山时写生所得，画面纯用墨笔写成，连皴带染，由淡而浓，由疏而密，反复皴擦，画面显得融和厚重，给人以生不涩、熟不甜、淡而厚、实而清、书卷气浓郁的感受，为典型的文人山水画。款上钤有朱文圆章“扫花庵”，款下钤有白文“王原祁印”、朱文“麓台”两章。

11、沈铨　群仙祝寿图轴

清

纸本 设色

纵179、横97厘米

沈铨（1682年－约1760年），字衡之，号南苹，浙江德清人。擅画花卉、人物，注重写实，画风谨严工细，造型准确生动。雍正七年（1729年）受日本国王之聘留日本三年，对日本画坛颇有

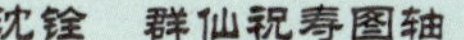

沈铨　群仙祝寿图轴

影响，被称为“舶来画家第一”。

沈铨的花鸟宗法黄筌及明代“院体”的画法，呈工笔重彩一路的风格。所绘花鸟笔墨工致，设色艳丽，生面别开，尤善渲染，立体华贵之态悉出。此画为设色工写结合之作，画中表现鸳鸯（禽）、水仙、梅花、竹、绶带鸟等，谐其音为“群仙祝寿”，再配以幽涧流水及月季花等，艳而不俗，竭尽巧妙，为沈氏代表作。款下钤有朱文“沈铨之印”及白文“南苹”两章。

12、李鱓　石榴蜀葵图轴

清

纸本 设色

纵 172.5、横 91 厘米

李鱓（1686 年 – 1762 年），字宗扬，号复堂，又号懊道人，江苏兴化人，“扬州八怪”之一。花鸟为蒋廷锡弟子，其

李鱓　石榴蜀葵图轴

工笔画造诣颇深。中年始画风变化，转入粗笔写意，挥洒自如，感情充沛，富有气势。擅画花卉虫草，所作花卉笔墨劲健，不拘法度。其作品对晚清花鸟画有较大的影响。

此画作于 1747 年，图中绘石榴、花卉、奇石，笔墨泼辣淋漓，用细笔勾花，粗笔破墨写叶，构图不拘形式，因重量而垂下的石榴枝与地面的花、石、兰草相呼应，奇趣天成，为李鲜花鸟画力作。左下题款：“葵忱倾向太阳中，甲第榴花似火红。莫负画师图小草，宜男多寿美谖从。乾隆十二年岁在丁卯年正月写，奉智高年学兄清鉴，复堂懊道人李鲜。”款下钤朱文“复堂”印。

13、郑燮　荆棘兰竹石图轴

清

纸本 水墨

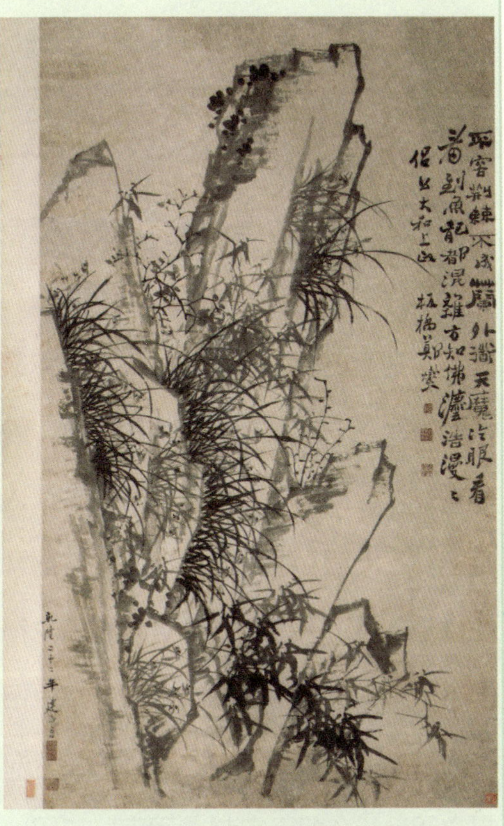

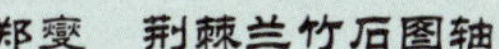

郑燮　荆棘兰竹石图轴

纵 187、横 110.3 厘米

郑燮（1693 年－1765 年），字克柔，号板桥，江苏兴化人。乾隆元年（1736 年）进士，官山东范县、潍县令，“扬州八怪”之一，有“诗书画三绝”之誉。擅花卉，尤善兰竹。工书法，用汉八分杂入楷行草，自称“六分半书”。

此画作于1757年，为其晚年水墨巨作，画中兰竹荆石相生相容，层次感强，体现了高超的艺术技巧。兰、竹用浓墨而石取淡笔，浓淡相映，虚实相照，妙趣横生。全图气势俊逸，傲气风骨让人感慨。右上题七言诗一首：“不容荆棘不成兰，外道天魔冷眼看。看到鱼龙都混杂，方知佛法浩漫漫。”署款：“侣公大和上政，板桥郑燮。”钤白文“郑燮之印”、“乾隆东封书画史”二印；朱文“直心道场”印。左下署年款：“乾隆二十二年建子月。”款下钤阴文印二方，一为“多结善缘”，另一方印文模糊难辨。

14、钱维城　松梅芝仙图轴

钱维城　松梅芝仙图轴

清

纸本 设色

纵 186、横 86 厘米

钱维城（1720 年 – 1772 年），字宗磐，号幼庵、茶山，江苏常州人。乾隆十年（1745 年）状元，官至刑部侍郎，供奉内廷。他的画作深得乾隆皇帝的赏识，为画苑领袖。

这幅画为其供奉内廷时所作，全图用细笔写成，松树、梅花、水仙、兰花、灵芝、竹子生动地穿插组合在一起，显得清气四溢，再配以幽涧流水，让人入幽静而空灵的境界。整幅画工细而活泼，恬淡而鲜明，是其难得之作。款用细楷恭书："臣钱维城恭画。"款下钤白文"臣钱维城"、朱文"笔沾春雨"二印。画右上角有朱文"乾隆御览之宝"鉴赏印。另有四枚朱文鉴藏印：三万六千琅玕室、学与年进、四宜书室鉴藏书画印、俊启之印。

结　语

常州博物馆自1958年成立以来，在社会各界的支持、帮助下，无论是藏品征集、陈列展览，还是社会教育工作都取得了长足进步。特别是2007年4月新馆建成开放以来，陈列展示和公共服务的水平得到极大的提升。继2008年，《龙腾中吴——常州历史文化陈列》获江苏省陈列展览精品奖后，2009年《神奇的自然 美丽的家园——自然资源陈列》又在第八届全国博物馆十大陈列展览精品奖的评选荣获了最佳创意奖。常州博物馆还先后引进和独立举办了《百年稚柳——纪念谢稚柳先生诞辰100周年书画精品特展》、《舞动的天使——世界珍稀蝴蝶展》、《金色江南——江苏古代金器特展》、《微笑彩俑——汉景帝的地下王国》和《花鸟逸趣——常州博物馆藏

陕西汉阳陵文物特展开幕式

名家花鸟画》等 60 余个临展，同时还将自己的特色展览推向了省内外多个博物馆。通过举办一系列内容丰富的临时展览，把富有吸引力和感染力的精神文化产品奉献给大众。

常州博物馆科普夏令营

常州博物馆连续数年坚持举办的趣味科普夏令营，秉承“做中学”的教育理念，鼓励学生在探索实践中，充实丰富自己的知识经验，现已成为未成年人教育的品牌项目。常州博物馆每年结合“5·18”国际博物馆日、全国科普周等主题宣传，组织走进学校、走进社区的文化科学普及活动，目

科普夏令营营员参观展览

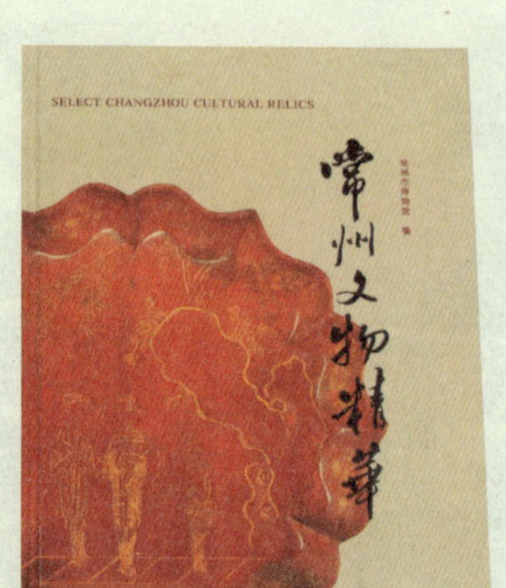

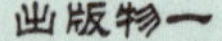
出版物一

出版物二

出版物三

出版物四

前已建立了各类教育活动基地十余个；同时还定期组织专家就文化遗产、自然环境保护等内容做专题讲座，进一步发挥博物馆的社会教育功能，积极打造国民教育第二课堂。

纪念谢稚柳诞辰 100 周年书画精品特展开幕式
暨《百年稚柳》书画特辑首发式

常州博物馆先后编辑出版了《常州博物馆 50 周年典藏丛书》、《百年稚柳——纪念谢稚柳诞辰 100 周年书画特辑》等论著和画册，从不同层面宣传和弘扬中国优秀的历史文化。

常州博物馆以开拓创新的思路，不断优化内部管理。建立了包括智能办公系统、文物藏品管理系统、自然标本管理系统等 11 个系统在内的常州博物馆数字化平台。2007 年，常州博物馆网站 http://www.czmuseum.com 正式开通，为常州博物馆又新增了一个对外交流的窗口。站在新的历史起点，常州博物馆将继续致力于积累、传播人文与科学知识，创新创优，并以更高的专业标准服务于广大社会公众。